Beschreibung der Städte und Dörfer in der Pfalz im 16. und 17. Jahrhundert

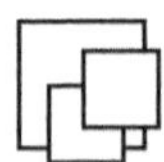

3. Auflage, 2024, erstmalig in einer gedruckten Version.
Erste Auflage (2021) ursprünglich nur online verfügbar.

Einbandgestaltung: Dr. Tobias Schick
Inhalt verfasst von Dr. Tobias Schick (Autor). Die Rechtschreibkorrektur des finalen Textes erfolgte durch ChatGPT Version 3.5 (Dez. 2023). Der korrigierte Text wurdedurch den Autor gegengelesen und auf den Inhalt überprüft.

Herstellung und Verlag: BoD – Books on Demand, Norderstedt
ISBN 9-783759-703545

Inhaltsverzeichnis

Vorbericht

Auf Grundlage von Sebastian Münsters Kosmographie und der Topographia Germaniae mit den Kupferstichen von Matthäus Merian wird in dieser Veröffentlichung das damalige Wissen über die Dörfer und Städte der Pfalz zur Zeit des Dreißigjährigen Kriegs präsentiert. Das Ziel besteht darin, dieses Wissen möglichst authentisch in Wort und Bild zusammenzufassen und heutigen Generationen zur Verfügung zu stellen.

Von der Pfalz am Rhein

Das Gebiet der heutigen Pfalz gehörte einst zu Gallia, das vom Rheinstrom begrenzt war und später von den "Teutschen" erobert wurde.[3] Die Spannungen zwischen der ursprünglichen Zugehörigkeit des Landes und den späteren Besitzansprüchen ziehen sich durch die Geschichte und führten mehrfach zu bekannten Streitigkeiten.

Abbildung 1. Eine Karte der Pfalz aus dem 17. Jahrhundert.

Altrip

Der Name des Dorfes Altrip rührt von dem römischen Namen "altam ripam" her[3, 5], das ein von Julius Caesar errichtetes Kastell beschreibt.[5] Dieses Kastell beherbergte Soldaten, die die rheinische Grenze schützten.[5] Für die Römer war die Gegend um Altrip aufgrund des "altae ripae", des hohen Ufers,

geeignet, um eine Besatzung zur Abwehr der Alemannen bereitzuhalten und so die rheinische Grenze zu schützen.[6] Nach Georg Litzel sollen die Spuren des Kastells sogar im Jahr 1380 noch sichtbar gewesen sein, wie durch ein Dokument belegt wird, das an die Kirche St. Egidi in Neustadt von Kurfürst Ruprecht von der Pfalz gesandt wurde.[6] Im Jahr 1756 wurde Altrip als eine abgelegene Ortschaft beschrieben, die sich hauptsächlich vom Fischfang ernährte.[6] Aufgrund eines außergewöhnlichen Wetterereignisses im Jahr 1750 waren die Pegelstände der Flüsse in Altrip sehr niedrig, wodurch sich für Georg Litzel die Möglichkeit bot, mit einem Kahn auf dem Rhein die vermeintlichen Überreste des ehemaligen Kastells zu begutachten.[6] Tatsächlich konnte Georg Litzel im Wasser ein Gemäuer erblicken, das aus gebrannten Steinen zusammengesetzt war.[6] Diese gebrannten Steine hatten eine Länge von einem Schuh und eine Breite von einem halben Schuh und erinnern an die Bauweise der Römer,[6] weshalb wahrscheinlich Georg Litzel davon ausging, die Mauern des Kastells gefunden zu haben.

Deidesheim

Matthäus Merian berichtet in seiner Veröffentlichung "Topographia" aus dem Jahr 1645 von einer Stadt namens "Deidesheim", die auch in früheren Zeiten als Diedesheim und teilweise als "Deysel" bezeichnet wurde.[1] Nach der Topographia war Deidesheim schon damals für seinen ausgezeichneten Wein bekannt und wurde zunächst von der Grafschaft Kraichgau verwaltet, bevor es um 1650 zum Bistum Speyer gehörte.[1] Weiterhin wird berichtet, dass der Bau der Kirche durch Conradus von Than, einem Bischoff zu Speyer, finanziert wurde.[6]

Gemäß den Überlieferungen von Matthäus Merian hatten die Pfalzgrafen vom Rhein und der Kurpfalz mit Deidesheim einen Pakt, der ihnen oder ihren Dienern unabhängig von der Tageszeit den Durchlass garantierte.[1] Den Chroniken zufolge soll sich jedoch zugetragen haben, dass dem Vizedekan zu Neustadt am 24. August 1598 ein solcher Zugang wegen der

Unachtsamkeit der Bevölkerung während eines Gottesdienstes verwehrt wurde.[1]

Während des Dreißigjährigen Kriegs geriet Deidesheim immer wieder unter die Herrschaft wechselnder Mächte.[1] Matthäus Merian berichtet, dass im Jahr 1621 Deidesheim von Graf Ernst von Mansfeld belagert und geplündert wurde.[1] Trotz großer Bemühungen des Grafen, Deidesheim zu halten, wurde es kurze Zeit später von den Spaniern erobert.[1] Zu einem späteren Zeitpunkt soll Graf Mansfeld Deidesheim erneut den Spaniern entrissen haben.[1] Bereits 1639 wurde Deidesheim von sächsischen Weimarischen Kriegstruppen geplündert – fast zeitgleich mit der Kapitulation der Stadt Germersheim.[1]

Dürkheim

Dürkheim, das nach Matthäus Merian auch als "Türckheim" bezeichnet wurde, liegt in der unteren Pfalz an der Haardt. [1] Johannes Trithemius berichtet, dass im 15. Jahrhundert Dürkheim als das größte und beste Städtchen in der Umgebung angesehen wurde.[1]

Wahrscheinlich von seiner Schönheit angezogen wurde Dürkheim im Jahr 1471 lange belagert, bis es schließlich durch Kurfürst Friedrich aus dem nahegelegenen Jungfrauenkloster Seebach erobert wurde.[1] Bei dieser Belagerung kam es zur Zerstörung aller Mauern, Türme, Wohnungen und des Schlosses.[1]

Sowohl Sebastian Münsters Kosmographie aus dem Jahr 1545 als auch die rund 100 Jahre später erschienene Topographia berichten von dem nahe zu Dürkheim gelegenen Kloster Limburg, das um 1600 zum Amt von Neustadt gehörte und von Kaiser Konrad II (genannt "der Ander") im Jahr 1035 zur Ehre des Heiligen Kreuzes und des heiligen Evangelisten Johannes gestiftet wurde.[1, 3] Neben Dürkheim gehörten auch Wachenheim, Schifferstadt und weitere Ortschaften zum Besitz dieses stattlichen Klosters.[1] Das Kloster wurde im Jahr 1470 von Soldaten aus Zweibrücken geplündert.[1] Das Ende des Klosters war rund 470 Jahre nach seiner Gründung besiegelt, als es nach weiteren Plünderungen in Brand gesetzt wurde. [1] Der Sage nach flohen die Mönche, um den flammen zu entkommen – bis auf einen, der in der Kapelle den Flammen zum Opfer fiel.[1] Ob freiwillig oder nicht, bleibt im Dunkel der Geschichte verborgen. Die Ausstattung des Klosters wurde in der Topographia als "üppig" beschrieben.[1] So sollen alle 20 Säulen in der Kirche aus einem Stein gehauen worden sein, von denen jede 20 Schuh (ca. 6 Meter) lang war. [1] Die Kirche maß eine Länge von 350 Schuhen (ca. 105 Meter) und eine Breite von 140 Schuhen (42 Meter). In ihr fanden 20 Altäre Platz und sechs Glocken konnten zum Gebet rufen.[1]

Frankenstein

Ein Ort zwischen Neustadt und Kaiserslautern, der zu Zweibrücken gehört.[1] In den Chroniken wird nichts weiteres über diesen Ort beschrieben.

Frankenthal

Die Veröffentlichung "Topographia" aus dem Jahr 1645 berichtet über das Wappen von dem sich zwei Meilen von Worms entfernt befindlichen Frankenthal. Das

Wappen zeigt einen goldenen Eckstein auf einem blutroten Schild, der von einem Löwen gehalten wird.[1] Der rote Schild symbolisiert den Krieg, das Blutvergießen und die Verfolgung während des Krieges.[1] Der goldene Eckstein im Wappen steht für die Tugenden der Beständigkeit und Aufrichtigkeit der Einwohner, die sich nach dem Krieg niedergelassen haben.[1] Der Löwe repräsentiert die Kurpfalz, welche die Einwohner aufgenommen hatte.[1]

Im Jahr 1537 wurde auf Anordnung von Kurfürst Friedrich III ein Schultheiß, ein Bürgermeister und verschiedene Schöffen gewählt, um die Verwaltung von Frankenthal zu übernehmen.[1] Zur Sicherung von Frankenthal, das wahrscheinlich durch die zugezogenen Kaufleute im 16. Jahrhundert ein Zentrum für den Samt-, Seiden- und Tuchhandel war, wurde auf Anweisung von Pfalzgraf Johann Casimir ein Graben um die Stadt angelegt.[1] Ab 1608 kam es unter Kurfürst Pfalzgraf Friedrich IV zur Verstärkung der Stadtmauern, unter denen sich nach Matthäus Merian sechs Gänge befanden,

Abbildung 2. Das von der Haardt umsäumte Dürkheim.

um im Falle von Gefahr die Evakuierung der Bevölkerung und die Verschiebung von Geschützen zu ermöglichen.[1] Bereits 1621 erfolgte eine erneute Erweiterung der Stadtmauern von Frankenthal.[1] Darüber hinaus wurden vier Stadttore errichtet, von denen jedes mit drei Batterien ausgestattet war und in der Topographia als "zierlich" beschrieben wurde.[1]

Im Jahr 1621 wurde Frankenthal von den Truppen des spanischen Generals Don Corduba angegriffen. Die Einwohner von Frankenthal konnten sich gegen die zahlreichen spanischen Soldaten bis zu drei Wochen lang verteidigen, bevor die Truppen von Mansfeld eintrafen.[1] Den Daten aus dem Jahr 1645 zufolge wurden während der Belagerung über 2.000 Kanonenschüsse auf Frankenthal abgefeuert, darunter befanden sich 50 Feuerkugeln mit einem Gewicht von mindestens 60 Pfund.[1]

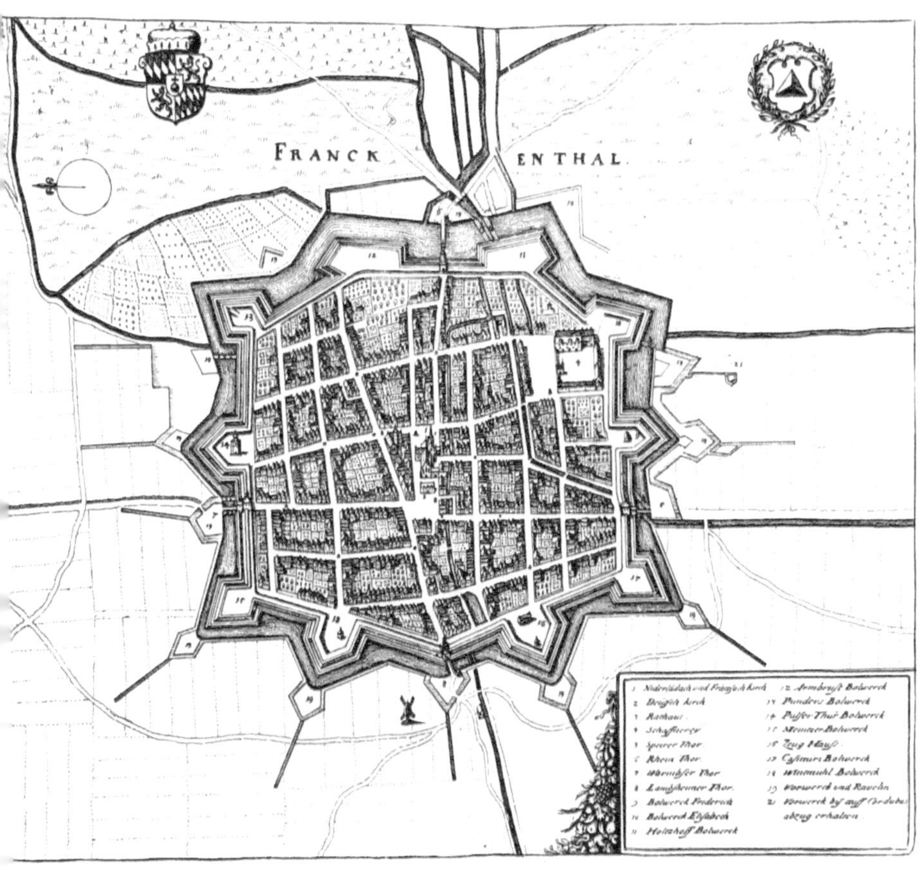

Abbildung 3. Die stark befestigte Stadt Frankenthal vor der Belagerung im Dreißigjährigen Krieg.

Im Jahr 1623 gelang es spanischen Truppen trotz aller Anstrengungen, Frankenthal einzunehmen.[1] Nach der Einnahme konnten die Einwohner von Frankenthal ihre ursprünglich von der Kurpfalz zugesicherten Rechte behalten

13

Abbildung 4. Angriff auf Frankenthal im Jahr 1621 durch General Don Corduba.

und ihre Religion frei ausüben.[1] Neun Jahre später wurde die Stadt von den Schweden eingenommen und das über 800 Mann starke spanische Heer wurde vertrieben.[1] Erst im April 1652 kam Frankenthal wieder in den Besitz der Kurpfalz.[1]

Friedelsheim

Das Dorf in der Nähe von Wachenheim und dem Kloster Limburg, das in älteren Chroniken auch als "Fridolfesheim" bezeichnet wurde, war den Chroniken zufolge von zwei Schlössern umgeben. [1] Das ältere Schloss zeichnete sich durch dicke Mauern, einen Turm und einen Graben aus und ähnelte somit dem Schloss des Geschlechts Hirschhorn.[1] Das neue Schloss hingegen beeindruckte mit einem Lustgarten, einem Jagdhaus und einem prächtigen Saal, der mit Gemälden und Bildern geschmückt war.[1] Während des Dreißigjährigen Krieges wurde Friedelsheim von spanischen Truppen eingenommen, die jedoch im September 1632 von schwedischen Truppen vertrieben wurden,

nachdem die Wasserversorgung gekappt worden
war.[1]

Freinsheim

Gemäß der Topographie von Matthäus
Merian wurde Freinsheim ursprünglich
von Zweibrücken verwaltet, bis es im
Jahr 1471 unter die Verwaltung von Neustadt
durch Kurfürst Pfalzgraf Friedrich I,
Pfalzgraf Ludwig der Schwarze und den
Landvogt im Elsass gestellt wurde.[1] Im Jahr
1525 kam es im Zuge der Niederschlagung der
Bauernaufstände zu zahlreichen Hinrichtungen.
[1]

Germersheim

Die Entstehungsgeschichte von
Germersheim wird in der Chronik
"Topographia" mit der Legende erzählt,
dass der Name der Stadt von einer Person
namens "Gemerico" oder "Germerio" stammt,
welcher im Besitz dieses Landes während der
Herrschaft der Franken war.[1] Über die
Jahrhunderte hinweg wuchs die Stadt

allmäblich und behielt ihren Namen bei.[1] Es wurde auch vermutet, dass es einen Zusammenhang zwischen dem Stadtnamen und dem römischen Feldherrn Germanico, einem Sohn von Drusus, geben könnte, wie die zuvor genannte Quelle berichtet.[1] Während des Dreißigjährigen Kriegs erhielt Germersheim aufgrund seiner Größe ein ausgezeichnetes Befestigungssystem.[1]

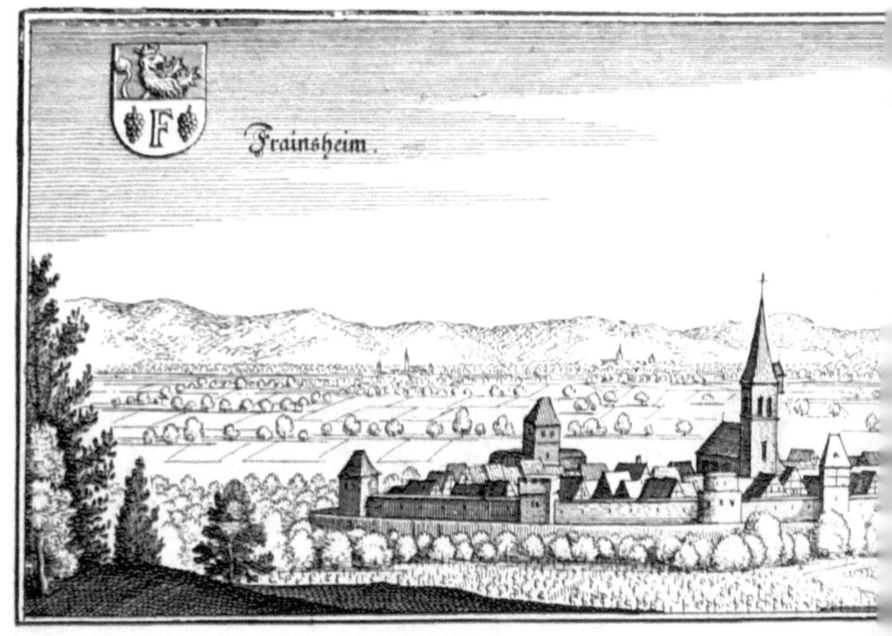

Abbildung 5. Die Stadt Freinsheim mit der...

18

In der Umgebung von Germersheim wurde gejagt, gefischt und sogar Gold aus dem Rhein gewaschen.[1] Die Luftqualität wurde aufgrund des Rheinauslaufs und des Sumpfgebiets in der Nähe als ungesund beschrieben.[1]

... protestantischen Kirche im Stadtzentrum.

Die Chroniken erinnern sich an den 4. Februar 1642.[1] An diesem Dienstag wurde während eines Gewitters beobachtet, dass neben den Blitzen und Donnern auch Feuer vom Himmel fiel.[1] In der Umgebung verbreitete sich die Angst vor dem Weltuntergang, weshalb der Kommandant von Philippsburg das Gelände inspizierte.[1] Die Inspektion ergab jedoch keinen weiteren Befund. [1]

Anmerkung: Der Feuerregen wird als das erste Zeichen (1. Posaune) der Offenbarung des Johannes betrachtet und läutet den Beginn des Endes der Welt ein. Es ist daher nicht verwunderlich, dass dieses Ereignis in die Chroniken aufgenommen und zu dieser Zeit entsprechend untersucht wurde.

Der erste Engel blies seine Posaune. Da fielen Hagel und Feuer, die mit Blut vermischt waren, auf das Land. Es verbrannte ein Drittel des Landes, ein Drittel der Bäume und alles grüne Gras.
(Offenbarung 8,7)

Grünstadt

Die Stadt Grünstadt wird als eine sehr schöne Stadt in der Nähe von Leinigen beschrieben, die von fruchtbarem Boden für Wein und Korn umgeben ist und sich in der Zuständigkeit des Grafen von Leinigen befindet.[1] Während des Dreißigjährigen Kriegs wurde Grünstadt, ähnlich wie die anderen Orte in der Umgebung, stark verwüstet.[1]

Haßloch

Das Dorf wurde früher als "Haseloch" bezeichnet und war vor dem Dreißigjährigen Krieg als ein sehr großer und ausgedehnter Ort bekannt, der unter der Verwaltung sowohl der Kurpfalz als auch der Grafen von Leinigen stand.[1]

Kaiserslautern

Die unterpfälzische Stadt Kaiserslautern grenzt an den Wald "Wasgau", weshalb der Gelehrte Freher wahrscheinlich Kaiserslautern zu den Orten des Wasgaus zählte. [1] Es wird angenommen, dass bereits vor einigen Jahrhunderten ein römisches Kastell diese Gegend bewachte, das den Chroniken zufolge von Attila zerstört wurde.[1] Aufgrund der aussichtsreichen Beute bei der Jagd und der Fischerei, was im 17. Jahrhundert der Gegend um Kaiserslautern Ruhm einbrachte, siedelten sich nach Meinung von Matthäus Merian wahrscheinlich die "alten deutschen" Kaiser an

Abbildung 6. Darstellung von Kaiserslautern in Sebsatian Münsters Kosmographie (1565).

diesem Ort an.[1] Dies könnte einer der Gründe sein, warum Kaiserslautern trotz wiederholter Zerstörung immer wieder aufgebaut wurde und im Jahr 1157 mit der Errichtung eines königlichen Palastes in der Nähe eines großen, fischreichen Sees beschenkt wurde.[3] Kaiser Friedrich Barbarossa renovierte und erweiterte den Palast,[1, 3] weshalb Kaiserslautern bis heute als "Barbarossastadt" bekannt ist. Gemäß einer Legende soll sich in diesem Schloss zu Zeiten von Kaiser Friedrich II. ein Bett befunden haben, das jeden Tag frisch bezogen wurde. Obwohl niemand in diesem Bett geschlafen hatte, waren am nächsten Morgen die Laken und Decken völlig durcheinander geworfen. Ob der Poltergeist gefunden wurde, ist nicht überliefert.

Während des Bauernkriegs im Jahr 1525 verhielten sich die Bewohner von Kaiserslautern treu gegenüber dem Landesfürsten und schlossen sich nicht der Seite der aufständischen Bauern an, wofür die Bürger eine nicht näher beschriebene Belohnung erhielten. [1] Nach der Einnahme der Stadt Kaiserslautern durch spanische Truppen im Jahr 1621 versuchten

Abbildung 7. Kaiserslautern zum Anfang des 17. Jahrhunderts. Schön zu sehen ist die Stiftskirche im linken Teil der Stadt.

ern.

die Bewohner, ihre Besatzer eigenmächtig aus der Stadt zu vertreiben, scheiterten jedoch und wurden am Leib und Gut bestraft.[1] Am 17. Juli 1635 wurde die Stadt von kaiserlichen Truppen im Sturm erobert und alle Bewohner, ob Zivilisten oder nicht, wurden "niedergemetzelt" und die Stadt wurde drei Tage lang geplündert.[1]

Im Jahr 1655 führte starker Hagel in der Umgebung von Kaiserslautern zur Vernichtung aller Früchte und vieler Tiere in der Viehwirtschaft.[1] Ereignisse wie diese schürten die Furcht der Bevölkerung vor einem möglichen Weltuntergang. Siehe dazu die Anmerkung bei Germersheim.

Der Wasgau

Der Wasgau grenzt an das untere Elsass und erstreckt sich bis zum Rhein.[3] Er wird als ein schöner Eichenwald beschrieben, der viele Wildtiere, Vögel und Fische beheimatet.[3] Der Wasgau zeichnet sich durch seine gute Befestigungsfähigkeit aus und beherbergt daher zahlreiche Burgen und

26

Schlösser, darunter solche in Falkenstein, Waldeck, Weissenburg und Annweiler.[3]

Lambrecht

Die rund eine Meile hinter Neustadt gelegene Gemeinde Lambrecht beherbergte ein vornehmes Jungfrauenkloster, das dem dominikanischen Orden angehörte.[1]

Lambsheim

Lambsheim lag einst im Verwaltungsbezirk von Zweibrücken, wurde aber ab 1471 der Kurpfalz zugeordnet und war zu dieser Zeit äußerst wohlhabend.[1]

Landstuhl

Bei Landstuhl befindet sich ein gut befestigtes Bergschloss im Wasgauischen Gebirge zwischen Zweibrücken und Kaiserslautern.[1] Das Schloss ist auf einem Berg erbaut und von einer

Abbildung 8. Das Kloster St. Lambrecht ist umgeben von einer Siedlung. Im Vordergrund fließt der Speyerbach, der in Speyer in den Rhein mündet.

recht

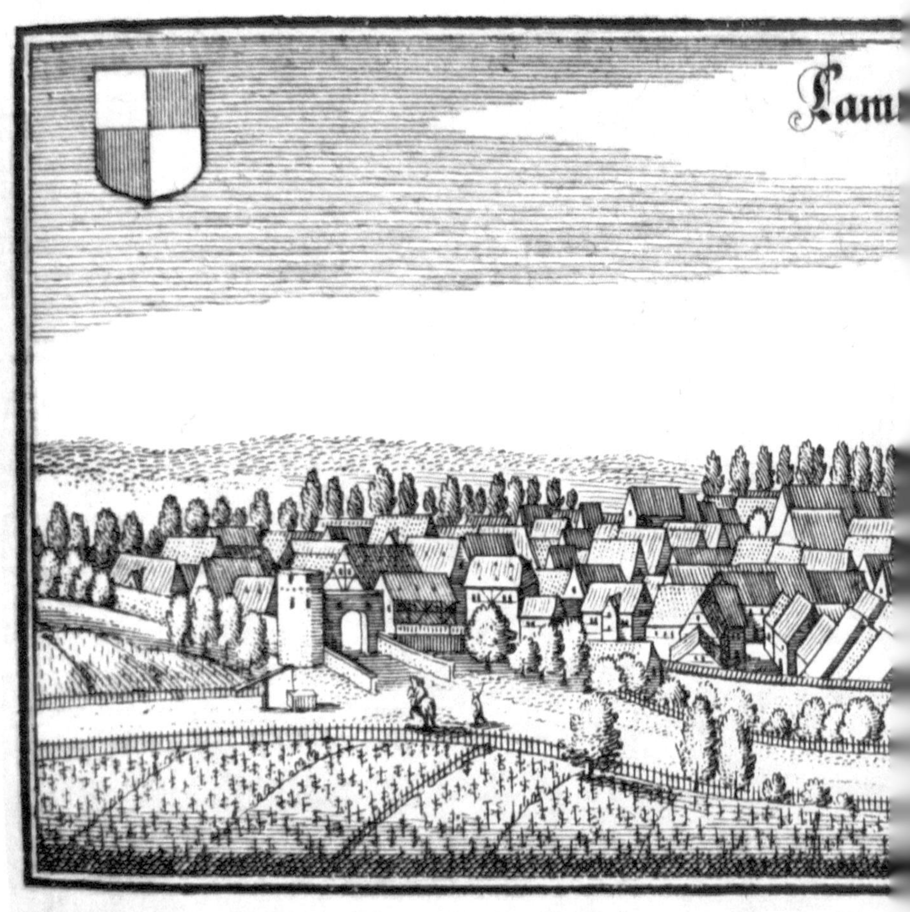

Abbildung 9. Stadtansicht von Lambsheim aus dem 17. Jahrhundert.

Abbildung 10. Die befestigte Stadt Leinigen.

Ringmauer umgeben, welche die Stadt einschließt.
[1]

Leiningen

Die Schlösser Alt- und Neuleinigen liegen hinter Dürkheim und sind im Besitz der Reichsgrafen von Leiningen.[1] Die Linien des alten Geschlechts Leiningen reichen weit in die Vergangenheit zurück und sind sehr verzweigt.[1] Viele der ursprünglichen Herrscher sind im Kloster Leiningen begraben.[1]

Das Kloster Limburg

Das Kloster in der Nähe von Dürkheim unterstand dem kurpfälzischen Amt Neustadt an der Weinstraße.[1]

Neidenfels

In der Nähe von Neidenfels befindet sich ein Schloss, das etwa eine Meile hinter Neustadt liegt und ein Lehen der Kurpfalz darstellt.[1] In der Umgebung kann ein bachreiches Gebiet mit Forellen gefunden werden.[1]

Neuhofen

Das Dorf Neuhofen liegt eine Meile von Speyer entfernt und gehört zum kurpfälzischen Amt Neustadt.[1] Einst gehörte zu Neuhofen ein Raubschloss, das aufgrund der Nähe zu Speyer und der damit verbundenen Gefahr von Kaiser Karl IV zerstört wurde.[1, 5]

Neustadt an der Weinstraße

Neustadt liegt im Speyergau und erstreckt sich am Fuße eines kleinen Gebirges namens "Haardt", das nach Meinung von Matthäus Merian ein Teil des Taunus-Gebirges sein könnte.[1] In den Chroniken wird Neustadt als eine malerische Stadt beschrieben, die von einem "frischen Wasser" in zwei Teile geteilt wird. [1] Im fischreichen Fluss können neben Forellen auch Krebse und Grundeln gefangen werden.[1] Eine enge Verbindung zu Pfalzgraf Kurfürst Ruprecht dem Älteren, der 1390 verstarb, besteht durch die Errichtung der Stiftskirche zu Ehren des heiligen Aegidii, wo der Pfalzgraf zusammen mit seiner Frau seine letzte Ruhe fand.[1]

Abbildung 11. Stadtansicht von Neustadt aus dem 17. Jahrhund

edt.

Die Chroniken berichten von zwei Klöstern in Neustadt, wobei das außerhalb der Stadtmauern liegende Kloster zerstört wurde.[1] Das in der Vorstadt gelegene Kloster blieb verschont und erfüllte im 17. Jahrhundert die Funktion einer Schule.[1]

Während des Bauernkriegs im Jahr 1525 wurden die Bürger von Neustadt von den aufständischen Bauern so sehr eingeschüchtert, dass sie die Stadt kampflos übergaben.[1]

Im Jahr 1579 wurde die Stadt von Herzog Johann Casimir eingenommen, nachdem er sich bei der Stadtverwaltung als Gast eingeladen hatte.[1] Nachdem einige Stunden vergangen waren und die Dämmerung hereinbrach, wollte Johann Casimir einen Hirsch vor den Toren von Neustadt erlegen. Die Tore wurden widerstrebend geöffnet – wohl aus Gastfreundschaft. Sobald die Tore offen waren, drängten hunderte Soldaten in die Stadt und nahmen sie durch diese List ein.[1] Im selben Jahr ließ Herzog Johann Casimir in Neustadt eine Schule und ein Gymnasium errichten, um den calvinistischen Glauben zu fördern, nachdem sein Bruder Kurfürst Ludwig die Universität Heidelberg lutherisch reformiert hatte. Als Kurfürst Ludwig starb und die religiöse Ausrichtung in Heidelberg wieder konservativer wurde, verfiel das Gymnasium in Neustadt.[1]

Oggersheim

Die unterpfälzische Stadt zwischen Mannheim und Frankenthal galt im 17. Jahrhundert als schön und gut befestigt.[1] Der Pfalzgraf Adolph, ein Vorfahre König Ruprechts, errichtete die Befestigungsmauer und verlieh der Stadt die Stadtrechte.[3] Während des Dreißigjährigen Kriegs verließen fast alle Einwohner Oggersheim mit Ausnahme des Hirten "Hans Warsch", der mutig und erfolgreich mit Don Cordoba verhandelte, um seine Religionsfreiheit sowie die Sicherheit für sich und seine Familie zu sichern.[1] Hans Warsch bekam einen Wächter zugeteilt und Don Cordoba übernahm sogar die Taufpatenschaft für Hans Warschs neugeborenes Kind.[1] Im Jahr 1644 wurde

Abbildung 12. Stadtansicht von Oggersheim.

Ogersheim.

Oggersheim stark zerstört, da aufgrund des Holzmangels in der Umgebung das Gebäudeholz von den spanischen Truppen abgebaut und nach Frankenthal transportiert wurde.[1]

Speyer

Den Recherchen von Matthäus Merian zufolge überquerten die Nemeter, ein germanischer Stamm, bereits vor Gaius Julius Caesars Zeiten den Rhein und siedelten in dem Gebiet, auf dem Speyer gegründet wurde. [1] Die Siedlung wurde auch als "Nemidona"[1] oder "Nemetum"[3] bezeichnet. Einer Legende zufolge erhielt der fruchtbare Ort Speyer, der köstlichen Wein produzierte und Mandeln überregional exportierte, seinen Namen von dem nahe gelegenen Ort "Alt Speir".[3] Die genaue Herkunft des Namens bleibt jedoch unklar.[1] Es ist jedoch gesichert, dass der Name Speyer bereits zu Lebzeiten von Bischof Rutger/ Rudiger, der 1090 verstarb, in Verwendung war. [1, 3]

Es wird berichtet, dass Gaius Julius Caesar mehrmals sein Winterlager in Speyer aufschlug[3] und die Stadt gegen Angriffe germanischer Stämme befestigte. [1] Er soll den Bau von vier Tempeln veranlasst haben, die den Gottheiten Venus, Luna, Mars und Merkur geweiht waren.[1, 3] Der Tempel für die Gottheit Merkur wurde auf dem Germansberg errichtet und war weithin bekannt. [3] Unter König Dagobert kam es zur

Abbildung 13. Abbildung von Speyer um das Jahr 1550. Im rechten, unteren Bildrand ist der Rhein zu sehen, der unter einer Brücke durchfließt. Links lässt sich der Speyerer Dom erkennen.

Abbildung 14. Speyer zum Fuß des Rheines im 17. Jahrhunde

nön zu erkennen ist der Dom, dessen Türme die Stadt deutlich
überragen.

Abbildung 15. Die Darstellung von Speyer...

...in einer Abbildung um 1550.

Zerstörung des Tempels, an dessen Stelle ein Kloster des St. Benediktinerordens errichtet wurde.[3] Kaiser Constantine Chlorus und Julianus ließen Speyer weiter ausbauen.[1] Unter Karl dem Großen wurde ein Palast in Speyer errichtet.[1] Die Erweiterung und Befestigung der Stadtmauern erfolgte unter Konrad II.[1] In diese Zeit fällt auch der Bau des Speyerer Doms, dessen Grundstein am 12. Juli 1030 auf den Fundamenten eines Vorgängerbaus gelegt wurde. [1, 3] Die Legende besagt, dass Kaiser Konrad II. zuerst den Grundstein für das Kloster Limburg legte und dann nach Speyer ritt, um den Grundstein für den Speyerer Dom zu legen. [3] In den Chroniken wird auch erwähnt, dass König Pipinus ursprünglich den Bau des Doms begann, und dieser dann unter Kaiser Konrad II. zu seiner Pracht vervollkommnet wurde.[3] Das genaue Jahr der Grundsteinlegung scheint umstritten zu sein, da auch das Jahr 1020 als Gründungsjahr genannt wird.[3] Der Dombau muss aufgrund der Beschaffenheit des Baugebiets, das als sumpfig und grundlos beschrieben wird, mit erheblichen Kosten verbunden gewesen sein.[3] Da der Bau zu Lebzeiten von Kaiser Konrad II. nicht abgeschlossen wurde (er verstarb überraschend im Jahr 1039 im Alter von 49 Jahren), beauftragte er in seinem Testament seinen Nachfolger Kaiser Heinrich IV. mit der Fertigstellung des Doms.[3] Bis heute (2023) sind Kaiser Konrad II. und sein Nachfolger im Speyerer Dom beigesetzt.[3]

Die Geschichte von Speyer ist aufgrund ihrer Wichtigkeit und Jahrhunderte alten Geschichte äußerst komplex. Die Stadt war oft Schauplatz kriegerischer Auseinandersetzungen und diente als Veranstaltungsort zahlreicher Reichstage und Turniere.[1] Christoph Lehmanns Speyerer Chronik aus dem Jahr 1612 berichtet von vielen dieser Ereignisse.[2]

Wachenheim

Die kleine Stadt Wachenheim wurde früher auch als "Wackenheim" bezeichnet und ist für ihren köstlichen Wein berühmt.[1] Im Jahr 1471 gehörte Wachenheim

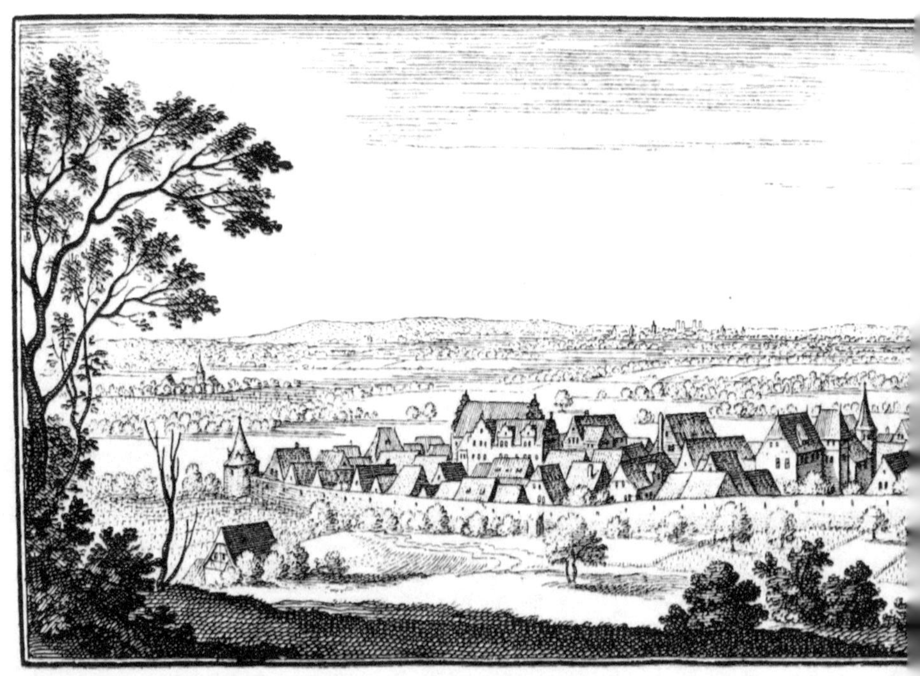

Abbildung 16. Wachenheim im 17. Jahrhundert.

dem Pfalzgrafen Ludwig von Zweibrücken,
wurde aber durch dessen Vetter Kurfürst
Friedrich I. unter Blutvergießen und der
einhergehenden starken Beschädigung
Wachenheims erobert.[1]

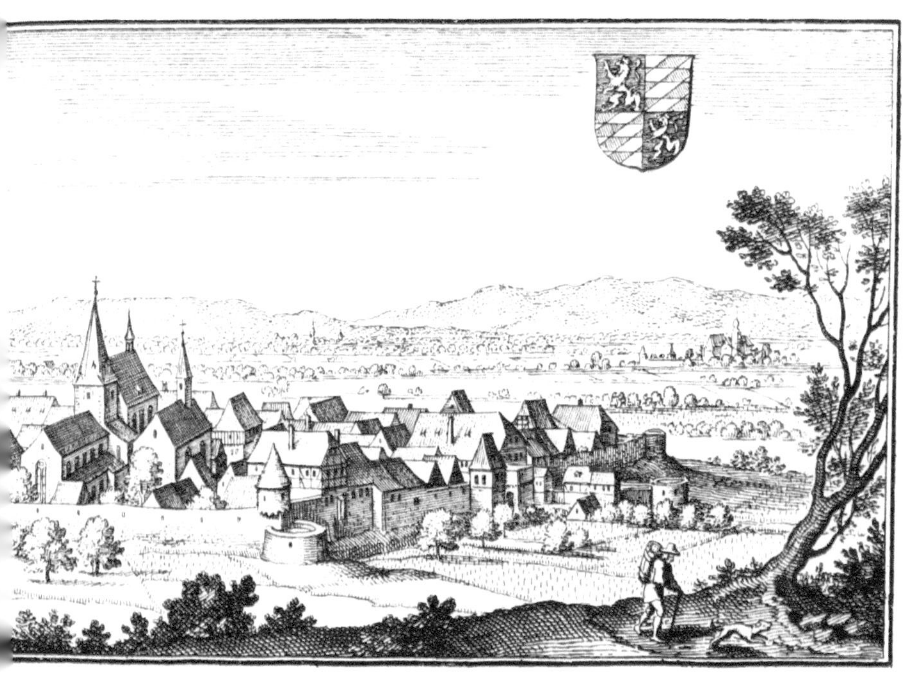

Literaturverzeichnis

[1]   TOPOGRAPHIA Palatinatus Rheni et Vicinarum Regionum. Das ist, Beschreibung und Eigentliche Abbildung der Vornemsten Statte Plätz der Untern Pfalzu am Rhein Und Benachbarten Landschafften, als der Bistumer Wormbs Und Speyer, der Bergstraß, des Wessterreichts, Hundrücks, Zewybrüggen, etc: Sampt einer Zugabe Ettlicher des H. Röm. Reichs Zudem Ober Reinischen Cräyß gezogenen Ständen, als Bisantz, Metz, Tull, Verdun, Lothringen, Savoyen, etc: An Tag gegeben Und Verlegt durch Mattheum Merian. 1645.

[2]   Chronica Der Freyen Reichs Statt Speyr : Darinn von dreyerley fürnemblich gehandelt/ Erstlich vom Ursprung/ Uffnemen/ Befreyung/ Beschaffenheit deß Regiments/ Freyheiten/ Privilegien/ Rechten/ Gerechtigkeiten/ denckwürdigen Sachen und Geschichten/ auch underschiedlichen Kriegen und Belägerungen der Statt Speyr: Zum andern/ von Anfang unnd Uffrichtung deß Teutschen Reichs/ desselben

Regierung durch König unnd Kayser/ unnd
was es jeder Zeit ins gemein mit demselben/
und insonders mit den Erbarn Frey unnd
Reichs Stätten vor Gestallt gehabt/... Zum
dritten/ von Anfang und Beschreibung der
Bischoffen zu Speyr/ unnd deß Speyrischen
Bisthumbs. Erste Ausgabe. Rosen, Frankfurt
am Main 1612.

[3] COSMOGRAPHIA. Beschreibug aller
Lender durch Sebstianum Munsterum in
wölcher begriffen. Aller völker/Herrschafften/
Stetten/und namhafftiger flecken/härkömmen:
Sitten/gebreiich/ordnung/glauben/secten/uñ
hantierung/durch die gantze welt/unnd
fürnemlich Teütscher nation. Was auch
besunders in iedem landt gefunden/und darin
geschehen sey. Alles mit figuren und schönen
landt tafeln erklärt/uñ für augegestelt. Weiter
ist dise Cosmographei durch gemelten Sebast.
Munst. allenthalben fast seer gemeret und
gebessert/auch mit einem zugelegten Register
viel breiichlicher gemacht. Gedruckt zu Basel
durch Henrichum Petri. Anno M. D. XLV.

[4] Cosmographey: das ist Beschreibung aller
54

Länder/ Herrschafften/und für nemesten Stetten/ des gantzen Erdbodens: samt jhren Gelegenheiten/Eygenschafften/ Religion/ Gebräuchen/Geschichten und Handtierungen/ etc. Erstlich durch Herrn Sebastian Munster/mit grosser Arbeit zusammen getragen und verfasset: Hernach an Welt= und Natürlichen Historien durch jhne selbst gebessert: Jetzt aber letztlich/mit allerley Gedechtnuswürdigen Sachen/biß ins M. DC. XIV jahr/gemehret: mit newen Landtafeln/ vieler Stetten und fürnemmen Männern Contrafacturen/Waapen/ und Geburtslinien/so uber die alten herzukommen/gezieret: und in acht Bücher abgetheylet. Mit Röm. Key.Mahest. Gand und Freyheit nicht nachzutrucken. Getruckt zu Basel.

[5] SPICILEGIUM ANTIQUITATUM PALATINARUM, CIS RENANUM. Kurtzer Bericht/ Von deme genannten kleinen Franckreich/ dessen under Marckung den Reinstrom/ sampt denen an der Franckreichischen Seiten deß Rein allernechst gelegenen Stätten unnd namhafftigsten Orten/

zur Pfalz eygendtlich gehörendt: Seltz/ Germersheim/ Aötrip/ Oppenheim/ Bacherach: Wie auch Keysers Caroli Magni, des alten Teutschen Helden/ Heimbeydt und Heburtsstatt Ingelheim. A. J. F. Gedruckt im Jahr M. DC. XXII.

[6] Historische Nachricht von einem römischen Kastell welches bey Altrip mitten im Rhein im Jahr Christi 1750 gesehen worden. Gegeben von M. Georg Litzel des Speyerischen Gymn. Conrector/ und Mitglied der königl. Preuss. Gelehrten Gesellschaft in Duisburg. Speyer mit Göthelischen Schriften 1756.

Bildquellen

Cover, Abbildung 1, 2, 3, 5, 7, 8, 9, 10, 11, 12, 14, 16:

TOPOGRAPHIA Palatinatus Rheni et Vicinarum Regionum. Das ist, Beschreibung und Eigentliche Abbildung der Vornemsten Statte Plätz der Untern Pfalzu am Rhein Und Benachbarten Landschafften, als der Bistumer Wormbs Und Speyer, der Bergstraß, des Wessterreichts, Hundrücks, Zewybrüggen, etc: Sampt einer Zugabe Ettlicher des H. Röm. Reichs Zudem Ober Reinischen Cräyß gezogenen Ständen, als Bisantz, Metz, Tull, Verdun, Lothringen, Savoyen, et c: An Tag gegeben Und Verlegt durch Mattheum Merian. 1645.

Abbildung 3
https://commons.wikimedia.org/wiki/File:Erkenbert_Frankenthal,_Miniatur_14._Jahrhundert.jpg. Abgerufen am 21. Juni 2020, 18:27 Uhr.

Abbildung 4
https://de.m.wikipedia.org/wiki/
Datei:Abriss_der_Stadt_Franckenthal_1621.j
pg. 21. Juni 2021, 18:29 Uhr.

Abbildung 6, 13,
COSMOGRAPHIA. Beschreibug aller Lender
durch Sebstianum Munsterum in wölcher
begriffen. Aller völker/Herrschafften/Stetten/und
namhafftiger flecken/härkömmen:Sitten/gebreiich/
ordnung/glauben/secten/uñ hantierung/durch die
gantze welt/und fürnemlich Teütscher nation.
Was auch besunders in iedem landt gefunden/
und darin geschehen sey. Alles mit figuren und
schönen landt tafeln erklärt/uñ für augegestelt.
Weiter ist dise Cosmographei durch gemelten
Sebast. Munst. allenthalben fast seer gemeret
und gebessert/auch mit einem zugelegten
Register viel breiichlicher gemacht. Gedruckt zu
Basel durch Henrichum Petri. Anno M. D.
XLV.

Abbildung 15
Sebastian Münster. Cosmographia, Das ist:
Beschreibung der gantzen Welt/ Darinnen Aller

Monarchien Keyserthumben/ Königreichen/
Fürstenthumben/ Graff= und Herrschafften/
Länderen/ Stätten und Gemeinden; wie auch
aller Geistlichen Stifften/ Bisthumben/ Abteyen/
Klöstern/ Ursprung/ Regiment/ Reichthumb/
Gewalt und Macht/ Verenderung/ Auff= und
Abnehmen, zu Fried= und Kriegszeiten/ sampt
aller ubrigen Beschaffenheit. Basel 1628.